AF466720

UNIVERSITÉ DE FRANCE.

FACULTÉ DE DROIT DE STRASBOURG.

THÈSE

POUR

OBTENIR LE GRADE DE LICENCIÉ EN DROIT,

PRÉSENTÉE ET SOUTENUE PUBLIQUEMENT

A LA FACULTÉ DE DROIT DE STRASBOURG,

Le jeudi 11 juin 1835, à midi,

PAR

D. N. GERBAUT,

DE CHARMES-SUR-MOSELLE (DÉPARTEMENT DES VOSGES),

NOTAIRE HONORAIRE, BACHELIER ÈS-LETTRES ET EN DROIT.

> Jure naturæ æquum est, neminem cum alterius detrimento et injuria fieri locupletiorem.
>
> *L. L.*, 14 et 66, *ff. de Condict. indeb.*, 12, 6.

M. KERN, doyen de la faculté.

PRÉSIDENT : M. THIERIET.

EXAMINATEURS { MM. THIERIET, AUBRY, KERN } PROFESSEURS ; BRIFFAULT, PROFESSEUR SUPPLÉANT.

STRASBOURG,

IMPRIMERIE DE G. SILBERMANN, PLACE SAINT-THOMAS, N° 3.

1835.

AUX MANES

DE

MA VERTUEUSE MÈRE,

Souvenirs et regrets éternels.

A

MON RÉPÉTITEUR, Me BOSCH,

AVOCAT A STRASBOURG.

Reconnaissance.

D. N. GERBAUT.

A MES AMIS,

Me CHEVALIER,

LICENCIÉ EN DROIT, AVOUÉ PRÈS LE TRIBUNAL DE PREMIÈRE INSTANCE DE SAINT-DIÉ (VOSGES),

ET

Me BANNEROT LE JEUNE,

LICENCIÉ EN DROIT, NOTAIRE A LA RÉSIDENCE D'ÉPINAL, CHEF-LIEU DES VOSGES;

A vous, mes bons amis, qui m'avez si souvent assisté de vos sages conseils, et qui avez toutes mes sympathies; à vous qui m'avez permis de confondre mes sentimens de reconnaissance dans l'intime amitié qui nous lie, et qui, j'ose l'espérer, sera toujours inaltérable; à vous deux, je dédie cette thèse.

D. N. GERBAUT.

La faculté n'entend approuver ni désapprouver les opinions particulières au candidat.

DROIT CIVIL.

> Personne ne doit s'enrichir au détriment d'autrui.

DES ENGAGEMENS QUI SE FORMENT SANS CONVENTION.

INTRODUCTION.

Après avoir traité les obligations conventionnelles, le Code civil passe aux *engagemens qui se forment sans convention.*

Les termes d'obligation et d'engagement sont synonymes en jurisprudence. Cependant, le Code paraît avoir spécialement appliqué la dénomination d'engagement aux obligations que la loi impose à l'homme, « *sans qu'il intervienne aucune convention, ni* « *de la part de celui qui s'oblige, ni de la part de celui envers le-* « *quel il est obligé.* » (Cod. civ., art. 1370).

Lorsqu'on réfléchit attentivement sur l'origine des engagemens, on ne trouve que deux causes vraiment génératrices des obligations: *la volonté de l'homme* et *la loi.* Il n'en peut même exister d'autres: car, la force, tant que dure son action, peut bien contraindre l'homme physiquement, et contre sa volonté, mais non pas l'obliger moralement. Aussitôt qu'il peut se soustraire à l'influence de cette force, il redevient libre; or, nulle convention n'est valable, sans la volonté libre de celui qui s'oblige: force n'est donc pas droit.

Mais, en qualité d'être intelligent et libre, l'homme peut soumettre sa volonté et s'obliger envers son semblable. Il a la faculté naturelle d'engager ses biens, sa personne et ses actions, en tout ce qui n'est pas défendu par la loi. Il use de cette faculté dans les conventions, où il promet de donner, de faire ou de ne pas faire quelque chose, Dès que son consentement est donné et accepté, sa volonté, libre dans l'origine, devient, par la conclusion du contrat, assujétie au joug de la convention: il est moralement et irrévocablement engagé. L'obligation est parfaite par sa volonté seule, sans l'intervention de la loi, qui n'intervient, *ex post facto,* que pour lui prêter sa force et pour en garantir l'exécution, en contraignant l'obligé d'accomplir sa promesse, en cas qu'il s'y refuserait ou la violerait, mais non pour donner naissance à l'obligation. Les obligations conventionnelles sont donc produites par la volonté de l'homme; elles existent indépendamment de la loi, qui n'intervient que comme un fidéjusseur tout puissant, pour en garantir l'exécution; garantie qui consiste à donner une action, et qui va jusqu'à permettre, s'il le faut, l'emploi de la force publique, pour en assurer l'exécution.

Quant aux engagemens qui se forment, sans qu'il intervienne *aucune convention,* ni de la part de celui qui s'oblige, ni de la part de celui envers lequel il est obligé, il est évident qu'ils ne peuvent devoir leur naissance qu'à la toute-puissance de la loi, dont les commandemens sont obligatoires pour tous les citoyens: *legis virtus hæc est: imperare, vetare, permittere, punire.*

Justinien, dans ses Institutes (liv. 3, tit. 4, §. 3), divise toutes les obligations en quatre espèces, qu'il fait dériver; 1° des contrats; 2° des quasi-contrats; 3° des délits; 4° des quasi-délits, sans remonter à l'autorité de la loi, à laquelle cependant les trois dernières classes doivent leur naissance.

Le Code civil range en deux classes les engagemens qui se forment *sans convention.* « Les uns, dit l'art. 1370, résultent de

« l'autorité *seule* de la loi ; les autres *naissent* d'un fait personnel « à celui qui se trouve obligé. » Du fait naît donc une obligation, sans que le consentement de celui qui s'oblige intervienne ; on pourrait même dire qu'il a eu une volonté contraire ; le fait précède, l'obligation le suit, et naît immédiatement après, en vertu de l'autorité de la loi ; tandis que, dans les obligations conventionnelles, l'engagement doit sa naissance à la convention, indépendamment de la loi.

Si le philantrope s'abandonnait aux premières impressions qu'un sentiment de compassion excite en lui, en voyant la sévérité des lois sur la responsabilité des fautes, il serait tenté d'accuser la dureté de la loi, qui punit si rigoureusement une action, une imprudence à laquelle le cœur est resté innocent. L'homme si faible par sa nature, si près des fautes et du malheur, doit-il être traité sans pitié par la loi ? Quelle est donc cette trompeuse protection que lui promet l'ordre social, si toute la force publique s'arme pour lui faire expier des fautes involontaires, pour le soumettre, même sans preuves, sur de simples présomptions légales, à des condamnations qui peuvent causer la ruine de sa fortune, et le réduire à traîner dans la misère les restes de sa pénible existence ? Mais les plaintes que la raison est souvent tentée de faire contre la loi, ne sont presque jamais fondées que sur la vue d'un seul objet, tandis que la loi en a considéré deux. Il ne faut pas examiner seulement le sort de celui que la loi punit pour une faute, pour une imprudence. Voyez, dira le légiste, l'infortune à laquelle peuvent se trouver réduites les innocentes victimes de cette faute, de cette imprudence, au premier aperçu si légère et si excusable, quand on ne considère que la personne condamnée à en réparer les suites ! Quel serait le sort des hommes dans l'état de société, s'ils n'avaient pas de ressources contre tous les maux qui peuvent leur arriver par l'imprudence de leurs semblables ? Combien l'impunité ne les multiplierait-elle pas ? Combien de délits réels se couvriraient du voile de l'imprudence pour échapper à la responsabilité, tandis qu'une juste sévérité peut les prévenir par de salutaires menaces, par d'utiles exemples! Il est dans la nature de l'homme d'éviter les fautes sur la suite desquelles il est averti, et il ne l'est jamais mieux que par la pensée d'un danger pour lui-même et d'une peine qui le menace. La loi ne pouvait donc balancer entre l'auteur d'une faute ou d'une négligence préjudiciable à autrui et la personne qui souffre de cette négligence. Partout où elle voit une perte pour un citoyen, elle en cherche l'auteur; elle examine s'il lui a été possible de ne pas causer ce dommage, et dès qu'elle trouve en lui de l'inattention, de la légèreté, de l'imprudence, elle le condamne à la réparation du mal qu'il a fait. Mais elle met de justes bornes à sa rigueur; elle ne sévit point contre sa personne; elle épargne son honneur; elle n'exige d'autre satisfaction que le dédommagement de celui qui souffre; elle n'exige de lui qu'un sacrifice pécuniaire, et elle ne le lui impose que pour donner une ressource au malheur; cela est si vrai, que lorsque le malheur n'est pas arrivé, quoique le fait qui pouvait l'occasioner soit réel, elle n'inflige aucune condamnation, à moins qu'une défense de commettre l'action n'eût été portée sous une peine déterminée; car alors la condamnation dérive d'une désobéissance, d'une contravention à la loi.

En ordonnant la réparation du dommage, la loi, pour mieux l'assurer, ne s'arrête pas toujours à la personne qui est l'auteur de ce dommage, car cette personne peut ne pas jouir de son indépendance. — Dans ce cas, la loi permet de recourir à ceux de qui cette personne dépend. Elle rend ceux-ci garans des suites de l'action, à moins qu'il n'eût pas été en leur pouvoir de l'empêcher, par une plus grande surveillance sur la conduite de l'individu placé sous leur dépendance ou leur autorité, par une plus grande attention sur le choix des personnes dont ils se servent. — Ainsi, pour rendre un homme responsable d'un dommage, il faut qu'il y ait eu de sa part, faute, imprudence ou négligence personnelle, ou qu'il lui ait été possible de prévenir le fait qui a causé le dommage, par plus de vigilance, plus de surveillance sur les personnes qui dépendent de lui, plus d'attention sur le choix de celles dont il se sert. Mais celui qui nuit à autrui par l'ascendant inévitable d'une force majeure ou d'un cas fortuit, est dégagé de toute responsabilité, de toute réparation, de même que celui qui causerait du dommage en usant de son droit, sans en excéder la juste limite.

Tels sont les principes de la matière que nous allons traiter.

CHAPITRE PREMIER.

Des quasi-contrats. (*Livre III. Titre IV.*)

On appelle ainsi un fait par lequel une personne s'oblige envers une autre, ou oblige une autre personne envers elle, sans qu'il soit intervenu aucune convention entre elles.

« Les *quasi-contrats* (dit l'art. 1371 du Code Civ.) sont les faits « purement volontaires de l'homme, dont il résulte un engage- « ment quelconque envers un tiers, et quelquefois un engagement « réciproque des deux parties. »

Dans les contrats, c'est le consentement des parties contractantes qui produit l'obligation; dans les *quasi-contrats*, il peut, dans certains cas, n'intervenir aucun consentement, et c'est la loi seule ou l'équité naturelle qui produit l'obligation, en rendant obligatoire le fait d'où elle résulte. — C'est pour cela que ces faits sont appelés *quasi-contrats*, parce que, sans être des contrats, ils produisent aussi des obligations.

En réfléchissant attentivement sur la source des obligations qui dérivent de ce qu'on appelle des *quasi-contrats*, c'est-à-dire des obligations que la loi fait naître à l'occasion d'un fait licite de l'homme, on trouve qu'elles dérivent toutes de la loi sacrée de la propriété, ainsi que celles qui résultent des délits et des quasi-délits, dont nous parlerons dans le chapitre suivant.

Depuis l'établissement de la propriété permanente, l'un des principaux fondemens de la société, la propriété, ne se perd plus avec la possession de la chose; il faut le consentement des propriétaires: *id quod nostrum est, sine facto nostro, ad alium transferri non potest.* L. 11, ff. de R. J. — Telle est la loi générale de la propriété.

Si nous en tirons les conséquences naturelles, il en résultera nécessairement que, n'importe la manière dont la possession de la chose qui m'appartient est passée en d'autres mains, sans que j'aie eu la volonté d'en transférer ou d'en abdiquer le domaine, le lien de la propriété qui l'attache à moi n'est pas rompu, elle continue de m'appartenir, et, par conséquent, j'ai le droit de la réclamer, en quelques mains que je la trouve, à moins que la loi de la prescription, aussi établie pour l'intérêt et le repos de la société, n'ait éteint mon action. Le possesseur, quel qu'il soit, est obligé de me la rendre. Vainement alléguerait-il sa bonne foi, et qu'il n'a commis aucune faute, qu'il n'est contrevenu à aucune loi pour s'en procurer la possession. Il y contreviendrait, en refusant de me la rendre; car, dès que la chose est à moi, il est obligé de me la remettre; il y est forcé sans qu'il soit intervenu aucune convention entre nous. Son obligation, fondée sur la loi, prend naissance à l'occasion du fait, quelque licite qu'il soit, qui a fait passer ma propriété entre ses mains, sans que j'aie eu l'intention de l'en gratifier: ce fait, quel qu'il soit, est donc ce que le Code appelle un *quasi-contrat.*

Mais observons que, si le possesseur avait dépensé *utilement* des sommes pour conserver ou améliorer la chose d'autrui, la même loi de la propriété qui l'oblige de me rendre la chose, m'oblige aussi de l'indemniser de ses dépenses; autrement je m'approprierais injustement une portion de sa propriété.

Ainsi donc, comme l'a fort bien dit un savant jurisconsulte

(M. Toullier) : « Tout fait licite de l'homme qui enrichit une « personne au détriment d'une autre, oblige celle que ce fait « enrichit sans qu'il ait eu l'intention de la gratifier, à rendre « la chose ou la somme dont elle se trouve enrichie. »

De même que : « Tout fait de l'homme qui enrichit une per- « sonne au détriment d'une autre sans qu'il y ait eu intention « de la gratifier, oblige celle qui se trouve enrichie de rendre la « chose ou la somme qui a tourné à son profit. »

Nous pourrions ajouter qu'en vertu du grand principe d'équité ou de justice naturelle, personne ne doit s'enrichir au détriment d'autrui sans sa volonté.

Ces dispositions renferment tous les engagemens ou toutes les obligations que la loi fait naître à l'occasion d'un fait personnel de l'homme, sans qu'il intervienne aucune convention. Vous êtes-vous enrichi, avez-vous profité par votre fait ou par celui d'un tiers aux dépens d'une autre personne, sans que celle-ci ait eu la volonté de vous gratifier? Vous êtes engagé, vos êtes obligé, et si vous l'êtes, il y a droit acquis à celui aux dépens de qui vous vous êtes enrichi. Plus de difficulté sur le point de l'engagement ou de l'obligation : mais il peut en naître sur l'étendue, les détails ou les accessoires de l'obligation : c'est à la loi ou au juge de lever ces difficultés.

Le Code civil contient quelques dispositions relativement à deux faits obligatoires qu'on a toujours qualifiés de quasi-contrats : *la gestion sans mandat* des affaires d'autrui et *la répétition de ce qu'on a indûment payé*. Commençons par expliquer ce qui concerne la gestion d'affaires.

SECTION PREMIÈRE.

§. I.

Il se forme un *quasi-contrat* entre celui dont les affaires sont, sans mandat de sa part, gérées par un autre et celui qui les gère.

Le Droit romain s'en est beaucoup occupé : il y a même dans le Digeste, liv. 3, tit. 5, un titre entier de *negotiis gestis*, où l'on trouve résolues, suivant l'équité, un assez grand nombre de questions relatives à ce sujet, mais où l'on trouve aussi les subtilités trop ordinaires à cette législation sur la doctrine des actions.

Le Code civil s'explique ainsi à cet égard :

Art. 1372. « Lorsque volontairement on gère l'affaire d'autrui, « soit que le propriétaire connaisse la gestion, soit qu'il l'ignore, « celui qui gère contracte l'engagement tacite de continuer la gestion qu'il a commencée, et de l'achever jusqu'à ce que le propriétaire soit en état d'y pourvoir lui-même; il doit se charger « également de toutes les dépendances de cette même affaire. — « Il se soumet à toutes les obligations qui résulteraient d'un man- « dat exprès que lui aurait donné le propriétaire. » (Voyez les art. 1984, 1991 et 2007 du Code civil.)

On pourrait demander d'abord ce que signifie ici cet adverbe *volontairement*, mis au commencement de cet art. 1372; car, celui qui gère l'affaire d'autrui en vertu d'un mandat, la gère aussi volontairement : il n'était pas obligé d'accepter le mandat; s'il y a consenti, c'est un acte de sa pure volonté. On ne peut se dissimuler que ce mot *volontairement* semble inutile, et présente quelque chose de louche, mais ceci disparaît, si l'on fait attention que le mot *volontairement* n'a été inséré dans cet article que pour marquer la différence qui existe entre les obligations résultant de l'autorité *seule* de la loi, et celles que la loi fait naître à l'occasion *d'un fait volontaire* de l'homme, auxquels on a donné le nom de quasi-contrats. On n'en peut douter, quand on compare attentivement les différentes rédactions de cet article, qui se sont succédé lors de la discussion au tribunat. Nous croyons donc que ce mot *volontairement* n'est mis ici que pour indiquer la différence qu'il y a entre les engagemens des tuteurs, qui sont involontaires, parce qu'ils résultent de la loi *seule*, et les engagemens du *negotiorum gestor*, qui sont volontaires, en ce sens qu'il ne pouvait être contraint de gérer l'affaire.

Ce n'est donc ni de l'intention de celui qui a géré l'affaire, ni de l'intention de celui dont l'affaire a été gérée, que naissent les obligations réciproques, dans ce qu'on appelle le quasi-contrat de la gestion d'affaire, mais de la loi, qui les fait naître à l'occasion du fait seul de la gestion. Aussi l'édit du prêteur qui introduisit dans le droit romain l'action *negotiorum gestorum*, n'exige point, pour l'accorder, l'intention de celui qui a géré l'affaire, mais uniquement le fait seul de la gestion : *Si quis negotia alterius, sive quis negotia quæ cujusque, cùm moritur, fuerint, gesserit, judicium eo nomine habo* (L. 3, *ff de negot. gest.* 3. 5.).

Ulpien et les autres interprètes de l'édit n'exigent également, pour donner lieu à cette action, que le seul fait de la gestion de l'affaire, et non point l'intention du gérant de l'administrer pour telle personne. Le jurisconsulte Africain, dans la loi dernière, *ff de negot. gest.*, dit positivement que, l'action a lieu contre celui qui, croyant gérer sa propre affaire, a géré la mienne, comme aussi il a la même action contre moi, si, par exemple, gérant une succession qu'il croyait lui appartenir, mais à laquelle j'étais seul appelé, il a donné pour acquitter les legs, des choses qui lui étaient propres. Nous croyons donc que, pour former ce qu'on appelle le quasi-contrat, *negotiorum gestorum*, et pour donner lieu à l'action de ce nom, directe ou contraire, il n'est pas nécessaire, *suivant la rigueur du droit*, que le gérant ait eu l'intention de gérer l'affaire de telle personne.

Voyons maintenant quels sont les engagemens qui résultent du *quasi-contrat*, et quelle est leur étendue : ils sont du nombre de ceux qui, comme le porte l'art. 1371, peuvent quelquefois être réciproques pour les deux parties, c'est-à-dire qu'il peut naître des obligations, et par conséquent une action, non-seulement contre celui qui a géré l'affaire d'autrui, en faveur du propriétaire de l'affaire, mais encore contre ce dernier, en faveur du gérant.

La première de ces actions était appelée, en droit romain, *action directe,* parce qu'elle avait pour objet direct de demander le compte dû par le gérant. La seconde était appelée *action contraire,* parce qu'elle était formée contre l'action directe, en réponse au compte demandé. C'est, en quelque sorte, le chapitre de la décharge du compte. C'est ainsi que les Romains appelaient *action directe de tutelle,* celle par laquelle le pupille demandait un compte à son tuteur; *action directe de mandat,* celle par laquelle le mandant demandait compte à son mandataire, et *actions contraires de tutelle* ou *de mandat,* celles par lesquelles le tuteur ou le mandataire opposaient, à l'action du compte, ce qu'ils avaient à réclamer contre le pupille ou le mandant. Examinons d'abord les actions directes qui naissent de la gestion des affaires d'autrui.

Ces actions ont une grande analogie avec les actions du mandat. L'art. 1372, où se trouve le germe de toutes les obligations du gérant, dit même, dans son dernier alinéa, que, « celui qui gère l'affaire d'autrui, se soumet à toutes les obligations qui résulteraient « d'un mandat exprès, que lui aurait donné le propriétaire. »

Nous le répétons, soit que le gérant ait géré par pur esprit de bienveillance, avec l'intention de gérer l'affaire de son ami ou de son parent, et de répéter les frais de sa gestion; soit qu'il l'ait gérée par erreur, croyant administrer l'affaire de Paul, quoique ce fût celle de Pierre, ou même croyant gérer la sienne propre; soit enfin qu'il l'ait gérée de mauvaise foi, *deprædandi animo,* dans le dessein de s'en approprier les profits, il n'en est pas moins soumis, dans tous ces cas, *à toutes les obligations qui résulteraient d'un mandat exprès que lui aurait donné le propriétaire.* L'article 1372 ne distingue pas.

Mais ces obligations peuvent varier suivant la nature de l'affaire gérée, comme les obligations du mandataire varient suivant l'étendue du mandat, et suivant l'affaire confiée à ses soins. Indépendamment de la variété que l'étendue et la nature des affaires peuvent mettre dans les obligations du mandataire ou du gérant sans mandat, il y a des obligations générales imposées à l'un ainsi qu'à l'autre. Ce sont celles-là principalement que nous devons expliquer d'après le Code. — Et d'abord, « le mandataire, dit l'art. 1991, « est tenu d'accomplir le mandat, tant qu'il en demeure chargé, « et répond des dommages et intérêts qui pourraient résulter de « son inexécution. = Il est tenu de même d'achever la chose com« mencée au décès du mandant, s'il y a péril dans la demeure. »

Ces obligations sont communes au gérant sans mandat. Lorsqu'il s'est une fois volontairement chargé de l'affaire d'un absent, il est obligé d'achever cette affaire, dont il a commencé la gestion. Cependant, à la différence d'un mandataire général, qui est tenu d'accomplir son mandat dans toute son étendue, et de gérer toutes les affaires qui s'y trouvent comprises, sous peine de dommages-intérêts, le gérant sans mandat, n'est tenu d'accomplir que l'affaire dont il a bien voulu se charger, sans être obligé d'étendre sa gestion à une autre affaire, quand même les intérêts de celui dont il gère la première, souffriraient de ce que cette autre affaire n'aurait pas été faite. Ses devoirs sont en cela différens de ceux d'un mandataire général, d'un tuteur ou d'un curateur.

Cependant, quoique celui qui a commencé de gérer l'affaire d'une personne ne soit pas obligé de gérer ses autres affaires, il est tenu à tout ce qui est une dépendance de celle qu'il a commencée, et à tout ce qui est nécessaire pour la terminer. Il doit, dit l'art. 1372, « se charger également de toutes les dépendances de cette même affaire. » Par exemple, s'il avait commencé de gérer une succession échue à une personne absente du lieu de l'ouverture, il devrait également remplir les obligations qui sont à la charge de l'héritier, afin de prévenir les pertes qui pourraient résulter de leur inexécution; car il est obligé de conserver les droits relatifs à l'affaire dont il s'est chargé, dit le jurisconsulte Paul. (L. 21, §. 2, *ff de negot. gest.*) — On peut conclure de là qu'il est tenu d'empêcher la prescription des droits dont il a pu avoir connaissance, lorsque le défaut de procuration ne l'empêche pas de le faire; par exemple, si, administrant un héritage de l'absent, il laissait prescrire par le non-usage, un droit de servitude ou d'hypothèque, par le non-renouvellement de l'inscription, en temps utile.

« Il est aussi obligé de continuer sa gestion, encore que le « maître vienne à mourir avant que l'affaire soit consommée, jus-« qu'à ce que l'héritier ait pu en prendre la direction » (Code civ., art. 1373); c'est-à-dire jusqu'à ce qu'il en ait eu connaissance. Ainsi, le gérant sans mandat, qui ne veut plus continuer sa gestion après la mort de celui en considération duquel il s'en était chargé, doit le déclarer à l'héritier, afin que celui-ci vienne prendre lui-même la direction d'une affaire qui désormais le regarde.

L'art. 1374 du Code civil dit aussi : « Qu'il est tenu d'apporter à « la gestion de l'affaire tous les soins d'un bon père de famille. » On doit donc lui appliquer la règle de justice éternelle, établie par l'art. 1383 du Code civil : « Chacun est responsable du dom-« mage qu'il a causé, non-seulement par son fait, mais encore par « sa négligence ou par son imprudence. »

Le droit romain contient des dispositions très-sévères sur la responsabilité des gérans volontaires sans mandat; il pose même en principe que c'est une faute de s'immiscer dans les affaires d'autrui : *Culpa est se immiscere rei ad se non pertinenti* (*L. 36, ff de R. J.*). Si ce n'est pas une faute, quand on le fait par bienveillance ou par amitié, il n'en est pas moins vrai que c'est plus qu'une imprudence de se charger volontairement d'une affaire, quand on ne se sent pas la capacité et l'activité nécessaires pour n'y commettre aucune faute; c'était donc chez les Romains un principe élémentaire, que le gérant volontaire, *negotiorum gestor*, était tenu de la faute la plus légère, *culpa levissima;* il n'y avait que les cas fortuits, dont il ne répondait pas.

Le dernier paragraphe de l'art. 1374 ajoute: « Il est tenu d'apporter à la gestion de l'affaire tous les soins d'un bon père de famille. Néanmoins, « les circonstances qui l'ont conduit à se charger de l'affaire, peuvent autoriser le juge à modérer les dommages et intérêts qui résulteraient des *fautes* ou de la *négligence* du gérant. » Il résulte clairement de ces dernières expressions que le principe général est que le gérant sans mandat répond de toutes ses fautes, si les circonstances ne sont pas assez majeures pour lui faire pardonner sa négligence ou son impéritie. En cela, sa condition est la même que celle du mandataire, qui répond « non-seulement du « dol, mais encore des fautes qu'il commet dans sa gestion (Code « civil, art. 1992), sans distinction. » Il existe même une raison de plus, et une raison très-forte contre le gérant sans mandat, c'est que le mandant a connu ou pu connaître le peu de capacité, le peu d'activité de son mandataire, et que, s'il n'en a pas choisi un plus habile et un plus actif, ce n'est qu'à lui-même qu'il peut l'imputer; au lieu que l'absent n'a connu ni pu connaître le caractère ni la capacité de la personne qui s'est ingérée dans ses affaires sans qu'il ait pu l'en empêcher. Le gérant sans mandat est seul en faute: *Culpa est se immiscere rei alienæ.*

L'obligation principale du gérant sans mandat est, comme celle du mandataire, de rendre *compte* de sa gestion. C'est l'action par laquelle le maître de l'affaire demande ce compte que les Romains appellent *directe.*

Il doit également comprendre, non-seulement les choses qu'a reçues le gérant, mais encore celles qu'il devait recevoir, et qu'il n'a pas reçues par sa faute, lorsque celui qui les devait n'est plus en état de les payer.

Si celui qui gère mes affaires devait une rente ou des intérêts annuels, il ne pourrait m'opposer, contre les arrérages qu'il doit, la prescription de cinq ans, accomplie pendant sa gestion. Ainsi, la prescription est interrompue pendant tout le temps de sa gestion, et elle ne peut reprendre son cours que pour les arrérages échus depuis qu'elle est finie; ceux qui sont échus antérieurement devant être compris dans le compte qu'il doit rendre, à l'exception de ceux dont la prescription était accomplie avant le commencement de sa gestion.

La loi impose à celui dont les affaires ont été gérées *utilement*, quoique sans son ordre, différentes obligations envers le gérant, dont celui-ci peut réclamer l'accomplissement, par l'action que les Romains appelaient *actio contraria negotiorum gestorum*, comme ils appelaient *actio mandati cantraria, actio contraria tutelæ*, l'action par laquelle le mandataire ou le tuteur, mandataire légal du mineur, réclamaient ce qu'ils avaient déboursé à l'occasion de leur gestion.

Il est évident que, pour exercer son action, le gérant doit commencer par rendre le compte de sa gestion, et communiquer toutes les pièces justificatives. Ce n'est que par ce compte que l'on peut connaître ce qu'il est en droit de demander pour les frais de sa gestion.

La première condition pour l'allocation des sommes réclamées par le gérant, est qu'elles aient été dépensées *utilement*; par exemple: si l'on a fait pour moi des réparations urgentes à ma maison, quoiqu'elle ait été ensuite incendiée par le feu du ciel, je n'en demeurerai pas moins obligé de rembourser à celui qui les a fait faire les frais de sa gestion.

Le gérant sans mandat n'est pas seulement autorisé à réclamer les sommes qu'il a déboursées; il est en droit de se faire indemniser des obligations qu'il a contractées pour sa gestion, quoiqu'il ne les ait pas encore acquittées.

L'art. 1375 porte: « Le maître, dont l'affaire a été bien admi- « nistrée, doit remplir les engagemens que le gérant a contractés

« en son nom, l'indemniser de tous les engagemens personnels qu'il « a pris, et lui rembourser toutes les dépenses utiles ou nécessaires « qu'il a faites. »

Par exemple : s'il a fait des marchés avec des ouvriers pour réparer les maisons appartenant à la personne dont il faisait les affaires, et que, par ces marchés, il se soit obligé personnellement d'en payer le prix, le propriétaire de ces maisons doit l'indemniser en rapportant la quittance des créanciers envers lesquels le gérant s'est obligé, ou une décharge par laquelle ces créanciers l'accepteraient pour seul débiteur, en la place du gérant. Faute de rapporter cette quittance ou cette décharge, ce dernier peut poursuivre le paiement des sommes qu'il s'est obligé personnellement de payer. (Voyez Pothier, *Appendice du quasi-contrat. Negot. gest.*, n° 228.) Cependant, si les créanciers avaient accordé un terme au gérant, le propriétaire pourrait en profiter, en donnant caution à celui-ci d'acquitter la dette à l'échéance de son exigibilité.

L'acceptation d'hérédité, sous bénéfice d'inventaire, est aussi une espèce de quasi-contrat; l'héritier se soumet par là à payer les dettes du défunt, jusqu'à concurrence du produit de la succession, et de rendre compte, parce qu'il n'est point tenu *ultrà vires*.

§. II.

Le paiement d'une chose non due, et qu'est obligé de rendre celui qui l'a reçue par erreur ou sciemment, est le second exemple donné par le Code civil, des obligations que la loi fait naître *sans convention*.

Le droit romain donnait à celui qui avait fait ce paiement, l'action en répétition, appelée *condictio-indebiti*, sur laquelle on trouve, dans le Digeste, un titre entier. (Lib 12, tit. 6, *De condictione indebiti.*)

Pothier en a fait un traité, qu'il a mis à la suite des contrats de bienfaisance. Telles sont les sources où le Code a puisé les dispositions que nous allons expliquer.

L'art. 1376 porte : « Celui qui reçoit par erreur ou *sciemment* ce « qui ne lui est pas dû, s'oblige à le restituer à celui de qui il l'a « indûment reçu. »

L'art. 1377 ajoute : « Lorsqu'une personne qui, par *erreur*, se « croyait débitrice, a acquitté une dette, elle a le droit de répétition contre le créancier. »

De ces deux articles corrélatifs, l'un énonce l'engagement de celui qui a reçu ce qu'on ne lui devait pas, l'autre le droit de celui qui a payé ce dont, par erreur, il se croyait débiteur.

Le premier est, dans tous les cas, tenu de restituer, soit qu'il ait reçu par erreur et de bonne foi, soit qu'il ait reçu sciemment, sachant qu'il ne lui était rien dû. Il peut même, dans ce dernier cas, y avoir une raison de plus pour l'obliger à la restitution, s'il y a eu de la mauvaise foi de sa part. Dans l'un et l'autre de ces deux cas, son obligation dérive de la loi de la propriété, que nous avons expliquée ci-dessus : *Jure naturæ æquum est, neminem cùm alterius detrimento et injuriâ fieri locupletiorem* (*L.* 206, *ff de R. J.*).

Il serait fastidieux d'énumérer ici tous les cas où les lois romaines admettaient la répétition. Il suffit de dire en général qu'elle est admise en faveur du propriétaire, toutes les fois qu'une chose reste, *sans aucune cause*, aux mains de celui qui l'a reçue[1]. C'est sur ce principe qu'est fondé le droit de répéter la chose payée; la répétition doit donc cesser dans tous les cas où il existe une cause de paiement raisonnable et vraisemblable, quand même la chose payée ne serait pas due, dans le sens légal et rigoureux du mot, suivant lequel une chose n'est due que lorsqu'on a une action civile pour l'exiger. Dans un sens plus conforme à l'équité et à la morale,

---

(1) Ulpien dit que celui qui paie par erreur ce qu'il ne doit pas, peut le répéter, mais que celui qui paie ce qu'il sait ne pas devoir est présumé donner.

une chose est due, quoique la loi n'accorde pas une action civile, pour contraindre à la payer. C'est le cas de toutes les obligations naturelles, dont l'un des effets, suivant le droit romain, est d'empêcher la répétition de la chose payée, parce que, dans ce cas, on ne peut pas dire que le paiement soit sans cause: *Naturalis obligatio manet, et ideò solutum repeti non potest.* (*L.* 19, *ff de condict. indeb.* 12. 6, *L.* 1.)

Notre Code civil a suivi les mêmes principes. L'art. 1235 porte: « Tout paiement suppose une dette: ce qui a été payé sans être dû « est sujet à répétition.

« La répétition n'est pas admise à l'égard des obligations natu« relles, qui ont été volontairement acquittées. »

Les art. 1965 et 1967 donnent un exemple de l'application du principe. Le premier porte: « La loi n'accorde aucune action pour « une dette du jeu ou pour le paiement d'un pari. »

Le second ajoute: « Dans aucun cas, le perdant ne peut répéter « ce qu'il a volontairement payé, à moins qu'il n'y ait eu, de la « part du gagnant, dol, supercherie ou escroquerie; » car alors il n'y a pas d'obligation naturelle.

Le paiement fait en viduité, d'une somme empruntée par une femme, sans l'autorisation de son mari, ni le paiement fait en majorité, d'un emprunt contracté en minorité, ne peuvent également être répétés, parce que, si la loi accorde à la femme et au mineur, devenu majeur, l'exception de restitution contre la demande du créancier, qui ne prouve point l'emploi utile des sommes qu'il a prêtées, il reste une obligation naturelle qui suffit pour faire rejeter la répétition.

La loi présume même l'existence de cette obligation naturelle, dans la personne du débiteur qui paie une dette, qu'il pouvait se dispenser d'acquitter, au moyen d'une exception péremptoire, dont il avait connaissance, lorsque, par sa nature, cette exception en éteignant l'action civile, laisse subsister l'obligation naturelle.

Par exemple : celui qui paie une dette contre laquelle il n'ignore pas que la prescription est acquise, ne peut répéter ce qu'il a payé. Il est présumé qu'il n'a payé que pour l'acquit de sa conscience, ou par un principe de délicatesse, parce qu'il savait que la dette n'avait point été acquittée.

Quant à ce qui regarde les paiemens reçus par erreur, l'objet de la répétition est la chose même donnée en paiement, ou son équivalent, c'est-à-dire une somme égale à sa valeur. C'est la chose même *in individuo* qui est la cause principale de la répétition, lorsque la chose donnée en paiement, est un corps certain et déterminé, qui ne se consomme point par l'usage. Si c'était une chose fongible, c'est sa valeur seulement, ou une quotité égale, qui peut être le sujet principal de la répétition.

Les accessoires de la chose, les fruits qu'elle a produits, sont aussi un des objets de la répétition.

Parlons maintenant des obligations de celui qui a reçu de mauvaise foi, une chose qu'on ne lui devait pas.

Elles sont beaucoup plus étendues et plus strictes que celles de la personne qui a reçu de bonne foi. Elles ne sont plus alors fondées seulement sur la maxime de morale que personne ne doit s'enrichir aux dépens d'autrui, mais encore sur le précepte commun à toutes les législations, et qui défend le larcin : *non furaberis.*

Il y a évidemment dol par réticence, de la part de celui qui reçoit en paiement une chose qu'il sait ne lui être pas due, ou qui ne la restitue pas aussitôt qu'il vient à découvrir qu'il n'en était pas créancier. *Fur est qui rem alienam dolo malo contrectat. Paul, Sent. lib. 2, tit.* 11.

Cependant, comme c'est le propriétaire lui-même, qui livre volontairement la chose, quoique par erreur, à son créancier frauduleux, les lois criminelles n'on point prononcé de peine contre celui qui reçoit sciemment en paiement une chose qu'on ne lui devait pas.

Les lois romaines, et à leur exemple, les lois françaises, ne donnent pas contre lui l'action de vol, *actio furti*, mais seulement l'action en répétition, *condictio indebiti.*

Cependant, elles lui imposent des obligations beaucoup plus rigoureuses qu'à celui qui a reçu la chose de bonne foi. Si c'est une somme d'argent, elles l'obligent de restituer tant le capital que les intérêts, *du jour du paiement* (art. 1378); car, dans les obligations qui se bornent au paiement d'une somme certaine, les dommages et intérêts ne consistent jamais que dans la condamnation aux intérêts fixés par la loi (art. 1153). Si, au contraire, elle était de nature à produire des fruits, il devrait, à la différence de celui qui a reçu de bonne foi, faire raison, non-seulement des fruits qu'il a perçus, depuis le jour du paiement, mais encore de ceux qu'il a manqué de percevoir, quoiqu'il n'en ait pas profité (Pothier, n° 172). S'il se trouve, par son fait, hors d'état de rendre la chose; par exemple: s'il l'a vendue, il n'est pas déchargé de l'obligation de la rendre, en restituant le prix, comme celui qui avait reçu de bonne foi; et comme il lui est impossible de restituer en nature la chose qu'il a vendue, il est tenu de tous les dommages et intérêts envers celui à qui elle devait être restituée. (Pothier, n° 175, *in fine.*)

Si la chose a péri par cas fortuit ou force majeure, il n'en est pas moins tenu d'en restituer la valeur (art. 1379), à moins qu'il ne soit en état de prouver qu'elle eût également péri chez celui qui la lui a livrée par erreur (art. 1302): par exemple, un animal qui a péri par suite d'un vice rédhibitoire.

Si elle est seulement détériorée, il répond de sa faute (art. 1379), même la plus légère; car, du moment où il a reçu la chose de mauvaise foi; il est soumis à l'obligation de la conserver jusqu'à la restitution, à peine de dommages et intérêts. Argument de l'art. 1136.

« Celui auquel la chose est restituée, doit tenir compte, même « au possesseur de mauvaise foi, de toutes les dépenses *nécessaires*

« *et utiles*, qui ont été faites, pour la conservation de la chose. » (Art. 1381). — S'il a été fait des améliorations, elles sont compensées jusqu'à concurrence, avec les détériorations. Il ne doit compte que de la plus-value des améliorations utiles, quand même le défendeur en répétition aurait reçu la chose de bonne foi; car, si le propriétaire ne peut, par voie d'action, lui demander compte des dégradations qu'il a faites, sur une chose qu'il ignorait être sujette à répétition, il est néanmoins tenu d'en faire raison, par voie de déduction, sur le prix des améliorations; une chose n'étant véritablement améliorée que sous la déduction de ce qu'elle a été détériorée.

Si le défendeur en répétition avait reçu la chose de mauvaise foi, il faudrait également déduire la valeur des améliorations sur le prix des dégradations, et si celles-ci étaient plus considérables, il ne devrait compte que de l'excédant.

S'il avait été fait, sur le fonds sujet à répétition, des plantations, constructions et ouvrages, il faudrait suivre les dispositions de l'art. 555.

Outre la gestion des affaires d'autrui, sans mandat, et l'obligation de restituer ce qu'on a indûment reçu en paiement, que le Code donne comme des exemples de ce qu'il appelle des *quasi-contrats*, il en existe beaucoup d'autres que le Code passe sous silence et que nous nous dispenserons de traiter, vu le nombre des matières qui nous sont dévolues par le sort.

CHAPITRE DEUXIÈME.

Des délits et des quasi-délits.

Les délits dans l'acception la plus étendue de ce mot, sont tous les faits et actions, même les omissions, nuisibles à la société ou aux particuliers et commis avec malignité ou intention de nuire et pour la répression desquels la loi pénale inflige une peine.

Les *quasi-délits* sont des faits nuisibles, commis sans malignité ou dessein de nuire, mais qui, soit par la faute, soit par l'imprudence ou la négligence de leur auteur, causent néanmoins du dommage à autrui.

La loi ne rend pas seulement l'homme responsable du dommage qu'il a causé, par *son propre fait*, par sa faute ou son imprudence personnelle, elle veut encore qu'il réponde du dommage causé par le fait des personnes ou des choses qu'il a sous sa garde, parce qu'elle présume qu'il y a eu de sa part négligence ou défaut de soins et de surveillance. (Art. 1384).

Les engagemens que la loi fait naître *sans convention* à l'occasion des délits ou des quasi-délits sont tous compris sous les dispositions des articles 1382 et 1383 du Cod. civ.

Le premier porte : « Tout fait quelconque de l'homme qui « cause à autrui un dommage, oblige celui par *la faute* duquel « il est arrivé à le réparer. » C'est là un principe reçu chez toutes les nations civilisées. Domat, *des lois civiles*, liv. 2, tit. 8, sect. 4, n° 8, dit aussi : « Ceux qui, pouvant empêcher un dommage que quelque devoir les engageait de prévenir, y auront manqué, « pourront en être tenus, suivant les circonstances. Ainsi, un « maître qui voit et souffre le dommage que fait son domestique, « pouvant l'en empêcher, en est responsable. »

« Notre Code civil s'exprime ainsi (art. 1383) : « Chacun est responsable du dommage qu'il a causé non-seulement par son fait, « mais encore par sa négligence ou son imprudence. »

Il ajoute (art. 1384) : « On est responsable non-seulement du « dommage que l'on cause par son propre fait, mais encore de « celui qui est causé par le fait des personnes dont on doit répondre, ou des choses que l'on a sous sa garde. »

Que faut-il entendre par le mot *faute*, que contient l'art. 1382 ? Ce n'est point sans doute le degré de culpabilité suivant lequel on distingue la faute du dol, la faute lourde de la faute légère, puisque l'article suivant soumet à la réparation du dommage causé, non-seulement par une *faute*, mais encore par une imprudence, par une simple négligence. Nous croyons donc que l'article 1382 entend ici par *faute* celle qu'on commet en faisant une chose qu'on n'avait pas le droit de faire, *quod non jure fit;* car on n'est pas censé en faute, en faisant ce que l'on présumait avoir le droit de faire. Nous en avons cité un exemple *suprà*, dans celui qui a reçu en paiement une chose qu'il croyait de bonne foi lui être due. *Nullus videtur dolo facere qui suo jure utitur*. (*L.* 55, *ff de R. J.*)

A plus forte raison, celui qui ne fait que ce qu'il a réellement le droit de faire, celui qui n'use que de son droit, ne commet *aucune faute;* s'il en résulte quelque dommage pour autrui, c'est un malheur, sans doute, mais que l'auteur du fait n'est pas tenu de réparer, et qu'il n'est même pas, aux yeux de la loi, censé avoir causé: *Nemo damnum facit, nisi qui id facit quod facere jus non habet*. (*L.* 151, *ff. de R. j.*) Par exemple : en creusant un puits dans mon fonds, je détourne la source qui alimentait le puits inférieur de mon voisin; c'est un dommage qu'il éprouve par mon fait, mais je ne suis point tenu de le réparer (*L.* 1, §. 12, *ff de aquâ*, 3, 9), parce que je n'ai fait qu'user de mon droit, sans commettre aucune faute. Il en est de même lorsqu'en labourant la terre de mon héritage, je coupe les racines des arbres du jardin voisin, que cette opération fait périr (art. 672 du Code civ.).

Voici un autre exemple : si je détourne la source qui prend naissance dans mon fonds (art. 641), et dont les eaux servaient à fertiliser les fonds inférieure, ou même que le propriétaire de ces fonds avaient réunies dans un canal pour alimenter une usine qu'il a fait construire plus bas, je ne suis point obligé de réparer le dommage que cause le détournement de ma source. Il n'y a exception que pour cause d'utilité publique, et en cas de titre ou de prescription (Voy. le traité *du régime des eaux*, par M. Garnier, n° 141, p. 110 et suiv., où l'auteur entre dans de grands détails, et cite les autorités les plus respectables.) Telle est la loi de la propriété.

Le véritable sens de l'art. 1382 est donc que celui qui cause du dommage à autrui, en faisant ce qu'il n'avait pas le droit de faire, ou en négligeant de faire ce qu'il devait faire, est obligé de réparer le dommage arrivé par sa faute.

Mais quelles sont les choses qu'on a ou qu'on n'a pas le droit de faire? Nous croyons que la règle générale est que tout ce qui n'est pas défendu par la loi est permis et ne peut être empêché (article 5 de la *Déclaration des droits de l'homme*, de 1791). Cette règle est très-ancienne, puisqu'elle n'est qu'une traduction de la définition que nous ont transmis les anciens jurisconsultes romains, de la liberté : *Libertas est naturalis facultas ejus quod cuique facere libet, nisi quid vi aut jure prohibetur.*

Ainsi donc, je puis faire tout ce que la loi ne me défend pas; personne n'a le droit de m'en empêcher, pas même le magistrat le plus éminent; car il n'est établi que pour faire exécuter la loi; or, en faisant ce qu'elle ne me défend pas, j'use d'un droit naturel, imprescriptible et sacré, qu'il doit respecter et même protéger. La liberté de mes actions n'a d'autres bornes que celles qui assurent également aux autres membres de la société, la jouissance de leurs droits naturels, et ces bornes, la loi les a sagement posées par des dispositions prohibitives et même pénales contre tous les faits nuisibles, soit à la société, soit aux droits des membres qui la composent.

Les actes nuisibles aux droits d'autrui sont naturellement divisés en deux classes, qui les comprennent tous.

1° Attentats à la personne ou aux droits personnels d'autrui.

2° Attentats à sa propriété ou à ses droits réels.

La première classe comprend toutes les atteintes à la sûreté, à la liberté, à la réputation ou à l'honneur des personnes et à l'exercice de leurs droits personnels.

La seconde comprend tous les attentats contre la propriété ou les biens d'autrui, lorsqu'on le prive de sa jouissance ou de sa possession, lorsqu'on attente à ses droits réels, lorsqu'on l'empêche d'en acquérir.

Tous ces délits sont non-seulement défendus, mais encore réprimés et punis par des peines plus ou moins sévères, suivant le genre d'attentat et les circonstances.

Toutes ces défenses dérivent, sans doute, de cet axiôme sublime de morale naturelle et divine: « *Ne fais pas à autrui ce que tu ne voudrais pas qu'on te fît à toi-même.* »

Mais hélas! qui ne sait que les règles et les conséquences les plus directes du droit naturel sont toujours méconnues et contestées par la mauvaise foi, par conséquent insuffisantes, quand elles ne sont pas clairement fixées et sanctionnées par les dispositions positives du droit civil?

Tous les attentats sont sévèrement défendus et punis par les lois; ils doivent l'être; la justice et la paix publique l'exigent. Mais la raison dit, qu'il en doit être autrement des simples voies de fait, c'est-à-dire des actes que je fais en exerçant paisiblement mes droits. Par exemple: je cultive mon champ; tout-à-coup un tiers s'en empare et m'en ferme l'accès par des clôtures et autres ouvrages; il y pratique des passages pour sa commodité: voilà une voie de fait très-répréhensible. Quelques jours après, sans prévenir ni appeler le délinquant, hors sa présence et sans recourir à la justice, je détruis les clôtures qui s'opposaient à mon entrée, ainsi que les ouvrages qu'il a faits, je ferme les passages qu'il a pratiqués: c'est encore une voie de fait. Mais en quoi est-elle blâmable? J'use de mon droit, je n'attente aucunement aux droits du délinquant qui n'en a point sur mon héritage.

Nous croyons donc qu'il ne faut pas confondre le délit ou l'attentat, avec la chose à l'occasion de laquelle il a été commis; le délit ou l'attentat doit toujours être puni, et le dommage qu'il a causé réparé; mais, la chose, à l'occasion de laquelle le délit a été commis, n'en doit pas moins rester à celui à qui elle appartient, et non pas à celui à qui la loi n'y donne aucun droit; comme au larron, à l'usurpateur, dont la possession n'a pas duré *un an*. Mais, dira-t-on, si le propriétaire qui s'est remis en possession de ses biens, sans autorité de justice, n'est pas puni, il est à craindre qu'il ne se croie autorisé à agir avec violence. Eh bien! punissez tous les actes de violence, tous les excès, et cette crainte s'évanouira; mais ne donnez pas à la société le scandale de voir la justice remettre provisoirement l'usurpateur en possession d'un bien dont il ne s'était emparé que par une voie de fait punissable, tandis que le propriétaire n'en a commis qu'une très-innocente, en rentrant paisiblement dans la possession de son héritage.

Les voies de fait défendues sont toutes celles qui s'exercent contre les personnes, ou qui portent atteinte aux droits du propriétaire ou du possesseur *annal* de la chose sur laquelle elles sont exercées.

Les voies de fait permises sont celles que commet le propriétaire ou le possesseur *annal*, en exerçant de son autorité privée, sans recourir à la justice, son droit de propriété ou de possession.

Des principes que nous avons posés et de la jurisprudence qui les consacre, il résulte que nous pouvons, de notre autorité privée, exercer tous les droits de propriété que comportent les choses qui nous appartiennent, nous en ressaisir même, si nous en avons été dépouillés depuis moins *d'une année*, et détruire tous les obstacles mis à notre droit de jouissance, sans que personne puisse se plaindre du dommage éventuel que pourrait lui causer l'exercice légitime de nos droits.

Mais cette liberté illimitée d'exercer tous les actes de propriété qu'il me plaît sur mon propre fonds, ne va pas jusqu'à ce qui pourrait faire parvenir sur l'héritage voisin quelque chose de nuisible ou d'incommode; par exemple: une fumée épaisse et nuisible, telle que celle qui sort d'une fabrique, d'un four, d'une forge, dirigée vers les fenêtres ou la porte d'un voisin.

On en doit dire autant des odeurs infectes ou méphytiques

4

que certaines préparations ou des latrines construites sans les précautions exigées par la loi, pourraient introduire dans les maisons voisines. En un mot, c'est une règle générale qu'il n'est permis de rien faire dans son fonds qui puisse introduire ou faire passer quelque chose de nuisible chez son voicin: *In suo enim alii hactenùs facere licet, quatenùs nihil in alienum immitat.* (L. 8, §. 5. *ff. si servitus vind.* 8. 5.)

C'est en conséquence de ces principes qu'il est défendu de rien jeter de nuisible sur l'héritage voisin, et sur un lieu où le public est dans l'usage de passer ou de s'arrêter. Le droit romain s'est occupé de cette espèce de quasi-délit dans le titre du Digeste: *De his qui effuderint vel dejecerint*, 9, 3.

Nos législateurs ont pensé que des dispositions particulières sur ce point étaient inutiles, et qu'il suffisait d'avoir énoncé le principe consacré par les articles 1382 et 1383, qui obligent à réparer le dommage, tous ceux par la faute, par la négligence ou par l'imprudence desquels il est arrivé.

Voici comment le savant Domat (liv. 2, tit. 8, sect. 4.), dans son style toujours clair et précis, développe le principe consacré dans nos articles 1382 et 1383: « Toutes les pertes, tous les dommages qui peuvent arriver par le fait de quelque personne, soit « imprudence, légèreté, ignorance de ce qu'on doit savoir, ou autres « fautes semblables, *si légères qu'elles puissent être*, doivent être « réparées par celui dont l'imprudence ou autre faute y a donné « lieu. C'est un tort qu'il a causé, quand même il n'aurait pas « eu intention de nuire. »

C'est en cela que le quasi-délit diffère du délit et du dol; ainsi, point d'excuse sur l'intention ni sur la qualité de la faute. La loi, d'accord avec la raison, veut qu'on répare le dommage causé par la faute la plus légère.

C'est aussi la doctrine des moralistes et des auteurs qui ont écrit sur le droit naturel. (Voy. Burlamaqui, *Elémens du droit naturel*, 3e partie, liv. 2, pag. 105 et 106, édit. de Lausanne, 1775).

Point d'excuse sur l'ignorance. Les lois mettent au nombre des dommages causés par des fautes, ceux qui arrivent par l'ignorance des choses qu'on doit savoir, *imperitia culpæ adnumeratur*. Ainsi, lorsqu'un artisan, pour ne pas savoir ce qui est de sa profession, fait une faute qui cause quelque dommage, il est tenu de le réparer. On en trouve des exemples dans la section *des devis et marchés*, liv. 3, tit. 8, chap. 3, section 3 du Code civ. Enfin, point d'excuse même pour la faiblesse de celui qui entreprend une chose au-dessus de ses forces; en ce cas la faiblesse est mise au rang des fautes: *Infirmitas culpæ adnumeratur.*

Exemple: un cavalier, un bouvier, un voiturier, ou tout autre conducteur, qui n'a pas la force ou l'adresse de retenir un cheval fougueux ou un bœuf qui s'effarouche, sera tenu du dommage qui en arrivera, car il ne devait point entreprendre ce qu'il ne savait ou ne pouvait faire; c'est une faute de se servir d'un animal trop fougueux ou vicieux, qu'on est incapable de dompter ou de conduire.

Ainsi donc, tout fait quelconque qui cause du dommage à autrui, oblige celui par la faute duquel il est arrivé à le réparer, quand même il n'aurait eu aucune intention de nuire, comme dans le cas de crimes et délits. Mais il arrive souvent qu'un fait licite et inoffensif, qui ne fait aucun tort à autrui immédiatement et par lui-même, occasione néanmoins de grands dommages, par ses suites imprévues et accidentelles, même par cas fortuit. En tous cas, l'auteur du fait n'en est pas moins tenu de le réparer, s'il a négligé de prendre les précautions nécessaires pour les prévenir: *Nam et qui occasionem præstat, damnum fecisse videtur.* (L. 30, §. 3, *ff. ad. leg. aquil.* 9. 2.)

Le dommage est alors une suite de la négligence, de l'imprudence, ou de la faute de l'auteur du fait.

Par exemple: celui qui serre du regain dans son grenier, fait un acte très-licite et même d'économie; mais s'il l'a mis sur son grenier avant que ce regain fût assez sec, et si la fermentation en occasione la combustion et l'inflammation, le propriétaire est tenu de réparer le dommage causé aux voisins par cet incendie, car c'est une véritable faute, tout au moins une grande imprudence, d'avoir serré du regain encore humide; il n'y a aucun doute sur ce point. (Voy. Dénisart, *Cas fortuit*, p. 252).

Les maçons, couvreurs et charpentiers, occupés à travailler au haut des édifices situés sur les lieux publics, répondent des accidens occasionés par la chute des matériaux, s'ils n'ont pas pris les précautions d'usage pour avertir les passans du danger; ils n'en répondent pas si l'édifice était situé sur un lieu privé, où l'on n'avait pas l'habitude de passer: ils n'ont pu deviner que quelqu'un viendrait y passer: *Cum divinare non potuerit an per eum locum aliquis transiturus sit.* (*L.* 31, *ff ad leg. aquil.* 9, 2.)

Voici un autre exemple tiré du jurisconsulte Paul: Je fais brûler le chaume ou les mauvaises herbes de mon champ; le feu se propage, soit par les progrès qu'il fait, en suivant les matières inflammables, soit par le vent qui enlève des chaumes enflammés, et occasione l'incendie de la moisson du champ voisin, je suis tenu de réparer le dommage. (*L.* 30, §. 3, *ff ad leg. aquil.* 9, 2).

Les dangers du feu sont tellement à craindre, et les malheurs qu'il occasione tellement fréquens, que notre législation française a toujours été d'une grande sévérité sur tout ce qui peut occasioner des incendies.

L'art. 32, titre 27 de l'ordonnance des eaux et forêts, du mois d'août 1669, portait: « Faisons aussi défense à toutes personnes « de porter et allumer du feu en quelque saison que ce soit, « dans nos forêts, landes et bruyères, et celles des communautés « et particuliers, à peine de punition corporelle, et d'amende « arbitraire, outre la *réparation des dommages que l'incendie « pourrait avoir causés*, dont les communautés et autres qui au- « ront choisi le garde, demeureront civilement responsables. »

Mais, sous l'empire de notre législation, les tribunaux ne peuvent appliquer aux délits de police forestière que les peines prononcées par le Code forestier et le Code pénal.

Aujourd'hui on ne doit plus admettre de distinction ni de sous-distinction sur la nature des fautes et des contrats, surtout en cas d'incendie où il n'y a point de fautes légères.

Mais enfin, lourde ou légère, comment prouver la faute, quand la cause de l'incendie est incertaine, quand on ne sait comment le feu a pris dans un bâtiment ? Ici la loi vient au secours de ceux qui ont souffert le dommage, et qui sont, ce qui est le cas le plus ordinaire, privés des preuves qu'il n'a pas été en leur pouvoir de se procurer. Une longue observation, une observation de tous les siècles, a prouvé que les incendies n'arrivent presque jamais sans la faute ou l'imprudence des personnes qui habitent la maison. Les lois romaines ont erigé cette observation en présomption légale. La loi 3, §. 1, *ff. de officio præfecti vigilum* 1, 15, porte : *Plerumque incendia culpâ fiunt in habitantium*, et le Code civil a érigé cette présomption en loi par l'art. 1733, qui dit :

« Il (le locataire ou fermier) répond de l'incendie, à moins « qu'il ne prouve que l'incendie est arrivé par cas fortuit ou force « majeure, ou par vice de construction, « ou que le feu a été « communiqué par une maison voisine. »

Voici encore un exemple d'un *quasi-délit:*

C'est un principe généralement reçu en France, que les maîtres des navires, cabarets, hôtelleries et les propriétaires de messageries, sont responsables des faits de tous ceux qu'ils emploient pour le service de leur navire, de leur hôtellerie et de leurs messageries, et de ceux mêmes de toutes les personnes qu'ils y reçoivent; ils doivent s'imputer de ne pas connaître les individus qu'ils admettent à leur service, ou qu'ils consentent à recevoir, et de n'avoir pas pris d'assez bonnes précautions contre leurs mauvais desseins. Par conséquent, les maîtres des lieux où l'on reçoit en garde des effets appartenant à des étrangers ou voyageurs doivent en répondre.

Mais notre jurisprudence est, à cet égard, différente en plusieurs points de celle des Romains.

Les maîtres des navires, messageries ou hôtelleries ne sont pas condamnés en France, au double de l'estimation des hardes, effets ou marchandises, comme ils l'étaient chez les Romains; ils sont condamnés uniquement au dédommagement de la personne volée, c'est-à-dire à la restitution de la chose volée ou au paiement de sa valeur.

Nous n'essaierons pas d'expliquer ici tous les cas auxquels peuvent et doivent s'appliquer les dispositions des articles 1382 et 1383, qui obligent à réparer le dommage fait à autrui par une faute, ou même par une simple négligence. Les exemples que nous avons donnés peuvent suffire pour indiquer la manière dont on doit suivre les conséquences de ce principe général, ou plutôt de cette loi.

Nous observerons seulement, en terminant ce chapitre, que c'est sur ce principe sacré que repose la responsabilité de tous les fonctionnaires publics, même les plus éminens, qui sont rigoureusement obligés de réparer les dommages qu'ils causent aux citoyens, par leurs fautes, leurs négligences ou leurs injustices, dans l'exercice de leurs fonctions, quoique, dans l'ordre administratif, on ait subordonné l'exercice du droit des personnes lésées, à des conditions, à des formalités qui ralentissent le cours de la justice, au moyen de la disposition insérée dans l'art. 75 de la constitution du 22 frimaire an VIII, suivant laquelle : « *Les agens du gouvernement* ne peuvent être poursuivis, pour des faits relatifs à leurs « fonctions, qu'en vertu d'une décision du conseil d'État; » disposition qui, quoique abrogée de droit par la Charte de 1830, avec la constitution où elle est insérée, est encore conservée de fait.

Remarquons cependant que cette disposition ne s'applique qu'aux *agens du gouvernement* qui sont, non-seulement nommés par lui, mais de plus *amovibles*, et par conséquent, tellement sous sa dépendance, qu'ils ne peuvent avoir, dans l'exercice de leurs fonctions, d'autre opinion que la sienne, ni tenir une conduite opposée à celle qu'il leur trace, soit par lui-même, soit par ses agens supérieurs ; en sorte qu'il serait à craindre, si cette responsabilité existait réellement, qu'en exécutant ses ordres, ils ne se trouvassent exposés à des poursuites, pour avoir fait exécuter des ordonnances illégales et tyranniques.

Mais cette garantie, donnée dans l'intérêt du gouvernement, n'a point été étendue aux fonctionnaires de l'ordre judiciaire.

Le pouvoir judiciaire est essentiellement indépendant du pouvoir exécutif; sans cela, plus de liberté ni de justice. Si le chef de l'État nomme les juges, ils ne sont point ses *agens*, mais ses délégués légaux; ils sont indépendans, parce qu'ils sont inamovibles; ils n'ont aucun ordre à recevoir du gouvernement dans l'exercice de leurs fonctions; ils se rendraient coupables en y obéissant : la loi seule doit être leur règle.

JUS ROMANUM.

DE NEGOTIIS GESTIS.

1° Si quis absentis negotia gesserit, licet ignorantis : tamen quidquid utiliter in rem ejus impenderit, vel etiam ipse se in re absentis alicui obligaverit, habeat eo nomine actionem. Itàque eo casu ultro citroque nascitur actio, quæ appellatur *negotiorum gestorum*. Et sane, sicut æquum est, ipsum actus sui rationem reddere; et eo nomine condemnari, quidquid vel non, ut oportuit, gessit, vel ex his negotiis retinet; ita ex diverso justum est, si utiliter gessit, præstari ei, quidquid eo nomine vel ab est ei, vel ab futurum est.

2° Qui aliena negotia gerit, et bonam fidem et exactam diligentiam rebus ejus pro quo intervenit, præstare debet.

3° Deserta negotia qui alterius gerit, dolum et latam tantum culpam præstat.

4° Si pupilli tui negotia gessero, non mandato tuo, sed ne tutelæ judicio tenearis; negotiorum gestorum te habebo obligatum; sed et pupillum, modo si locupletior fuerit factus.

5° Qui pupilli negotia tutoris mandato suscepit, pro tutore negotia non videtur gessisse, sed negotiorum gestorum actione pupilli tenebitur.

6° Item, si procuratori tuo mutuam pecuniam dedero tui contemplatione, ut creditorem tuum, vel pignus tuum liberet; adversus te negotiorum gestorum habebo actionem: adversus eum, cum quo contraxi, nullam. Quid tamen si a procuratore tuo stipulatus sum? potest dici superesse mihi adversus te negotiorum gestorum actionem; quia ex abundanti hanc stipulationem interposui.

7° Successori ejus, cujus fuerunt negotia gesta qui apud hostes decessit, hæc actio danda erit. Sed si filii familias militis defuncti testamento facto gessi; similiter erit danda actio. Sicut autem in negotiis vivorum gestis sufficit utiliter negotium gestum; ita et in bonis mortuorum, licet diversus exitus sit.

8° Si filius familias negotia gessisse proponatur; æquissimum erit, in patrem quoque actionem dari, sive peculium habet, sive in rem patris sui vertit. Et, si ancilla, simili modo.

9° Si quis negotia aliena gerens, plus quam oportet impenderit; recuperaturum eum id, quod præstari debuerit.

10° Si communes ædes tecum habeam, et pro tua parte *damni infecti* vicino cavero; dicendum est, quod præstitero, negotiorum gestorum actione potius, quam communi dividundo judicio, posse me petere; quia potui partem meam ita defendere, ut socii partem defendere non cogerer.

11° Si ab eo qui negotia tua gessit, heres ex duabus unciis institutus es; etiam si adeas hereditatem, in reliquis decem unciis adversus co-heredem competit tibi petitio, si quam adversus defunctum habuisti actionem.

12° Cum pecuniam ejus nomine solveres, qui tibi nihil mandaverat, negotiorum gestorum actio tibi competit; cum ea solutione debitor a creditore liberatus sit; nisi si quid debitoris interfuit, eam pecuniam non solvi.

13° Si quis negotia aliena gerens indebitum exegerit, restituere cogitur: de eo autem quod indebitum solvit, magis est ut sibi imputare debeat.

14° Si quis indebitum ignorans solvit, per hanc actionem condicere potest: sed si sciens se non debere solvit, cessat repetitio.

DE OBLIGATIONIBUS QUÆ QUASI EX DELICTO NASCUNTUR.

Si judex litem suam fecerit: non proprio ex maleficio obligatus videtur: sed quia neque ex maleficio, neque ex contractu obligatus est, et utique peccasse aliquid intelligitur, licet per imprudentiam: ideo videtur quasi ex maleficio teneri; et in quantum de eà re æquum religioni judicantis videbitur, pœnam sustinebit. — Item is, ex cujus cœnaculo, vel proprio ipsius, vel conducto, vel in quo gratis habitat dejectum effusumve aliquid est, ita ut alicui noceret, quasi ex maleficio obligatus intelligitur. Ideo autem non proprio ex maleficio obligatus intelligitur, quia plerumque ob alterius culpam tenetur, aut servi, aut liberi. Cui similis est is, qui eâ parte, qua vulgo iter fieri solet, id positum aut suspensum habet, quod potest (si ceciderit) alicui nocere: quo casu pœna decem aureorum constituta est. De eo vero, quod dejectum effusumve est, dupli quantum damni datum sit, constituta est actio. Ob hominem vero liberum occisum, quinquaginta aureorum pœna constituitur. Si verò vivat, nocitumque ei esse dicatur: quantùm ob eam rem æquum judici videtur, actio datur. Judex enim computare debet mercedes medicis præstitas, cæteraque impendia, quæ in curatione facta sunt: præterea operas quibus caruit, aut cariturus est ob id, quod inutilis factus est.

PROCÉDURE CIVILE.

CHAPITRE PREMIER.

2e Partie. Liv. 2. T. VI.

De la vente des biens-immeubles.

« Si les immeubles (dit l'art. 953 du Code de procédure ci- « vile) n'appartiennent qu'à des majeurs, ils seront vendus, s'il « y a lieu, de la manière dont les majeurs conviendront. — S'il y « a lieu à *licitation*, elle sera faite conformément à ce qui est pres- « crit au titre *des partages et licitations* » (Code de procédure civile, art. 965 et suivans. — Code civil, art. 806).

Ce mot *licitation* se dit de la vente au plus offrant et dernier enchérisseur, d'une maison, d'un héritage qui appartient en commun à plusieurs co-héritiers ou co-propriétaires, et qui ne peut se partager commodément.

La pratique des licitations est très-ancienne : nous la tenons des Romains, presque en tout nos modèles et nos maîtres, et il est vraisemblable qu'ils la tenaient eux-mêmes des Grecs, chez lesquels ils avaient puisé leurs meilleurs fondemens de législation. — On en trouve les principes dans la loi des douze Tables, dans le livre de l'Édit perpétuel, dans les titres du Digeste et du Code *familiæ erciscundæ et communi dividundo.*

Chez nous, comme à Rome, pour être en droit de provoquer la licitation d'un héritage ou de tout autre immeuble, il n'est pas nécessaire qu'il y ait impossibilité physique de le partager; il suffit que, par le partage, il puisse y avoir de l'incommodité ou de la perte pour quelqu'un des co-héritiers ou co-propriétaires. — Il ne suffit donc pas qu'un des co-héritiers demande la licitation, pour qu'elle soit ordonnée : il ne peut l'obtenir, malgré ses co-intéressés, que dans le cas où le partage en nature présente une impossibilité morale ou de grandes difficultés. En effet, la forme de partage la plus naturelle et la plus conforme aux droits des héritiers et des co-propriétaires d'un même objet, est, sans contredit, la division de la chose même entre eux. Par la saisine de la loi, chaque co-héritier a une portion, non dans le prix que la vente de l'héritage pourra produire, mais dans le fonds, dans la propriété de cet héritage. C'est donc cette propriété en nature qui lui appartient, et qu'il a le droit de revendiquer.

Mais, comme il arrive souvent qu'une hérédité ne peut pas être divisée, ou du moins qu'elle ne peut pas l'être sans de grands inconvéniens, soit parce qu'il en résulterait une diminution considérable de valeur, qui retomberait sur chacun des co-propriétaires, soit parce que la jouissance de chaque portion deviendrait trop incommode et trop gênante pour les propriétaires, ou pour les co-partageans, il a bien fallu que le législateur trouvât un moyen de suppléer au partage. Et ce moyen est la *licitation*, que les lois romaines, comme nous l'avons dit ci-dessus, ont introduite, et qui était tellement destinée à remplacer le partage, que chez les Romains l'héritage ne se licitait d'ordinaire qu'entre les co-héritiers.

Mais, soit entre les co-propriétaires seuls, soit en concurrence avec les étrangers, *admissis extraneis*, on n'avait jamais recours à la licitation que quand la chose ne pouvait être divisée sans une incommodité considérable. C'était une condition expressément exigée par toutes les lois : *Si commodè dividi non potest, si divisio sine cujusquam injuriâ fieri non potuerit; si divisio tàm difficilis sit ut pars impossibilis videatur.* (§. 5. Inst. *de officio judicis.* L. 3. C. *Communi dividundo*, 3, 37). Ces principes ont passé dans notre législation, et les art. 824, 827 et 832 du Code civil, n'en sont que la reproduction. Dès que la division était possible et commode, le juge n'était plus le maître d'ordonner la licitation; il fallait qu'il assignât à chacun sa portion en nature.

Ces maximes, dictées par la raison, et par le respect dû à la propriété ne sont pas moins inviolablement observées dans notre jurisprudence. L'art. 80 de la coutume de Paris s'exprime à ce sujet comme les lois romaines: *Si l'héritage ne se peut partir.* Merlin, Dumoulin, Domat, Pothier, tous nos auteurs attestent unanimement que parmi nous, comme chez les Romains, un cohéritier ne peut être forcé à la licitation, si ce n'est que le partage soit impossible ou dût entraîner trop d'inconvéniens, et l'usage constant de tous les tribunaux est, en effet, lorsque les co-propriétaires ne sont pas d'accord sur la licitation, d'ordonner une visite d'experts. La licitation n'a lieu qu'autant qu'il résulte de l'expertise, qu'il y a impossibilité absolue ou très-grande incommodité dans le partage en nature. Autrement la justice se fait un devoir de conserver à chacun la propriété que la loi lui a déférée. La jurisprudence est constante sur ce point.

L'art. 954 ajoute: « Si les immeubles n'appartiennent qu'à des « mineurs, la vente ne pourra en être ordonnée que d'après un « avis de parens (C. de P. c. art. 882. Code civ. art. 457). Cet avis « ne sera point nécessaire, lorsque les immeubles appartiendront « en partie à des majeurs et à des mineurs, et lorsque la licitation sera ordonnée sur la demande des majeurs. Il sera procédé « à cette licitation, ainsi qu'il est prescrit au titre *des Partages* « *et licitations.* » (C. de P. c. art. 966 et suivans. T. 128.)

Quant aux autres formalités nécessaires pour parvenir à la vente des biens-immeubles indivis ou à la licitation, elles sont succinctement analysées dans les art. 955 et suivans, jusques et y compris l'art. 965 du titre VI. Nous croyons donc pouvoir nous dispenser de nous étendre sur ces formalités, qui ont fait notre étude spéciale pendant nos treize années de notariat, et qui sont d'ailleurs savamment traitées dans le *Parfait Notaire* de M. Massé.

CHAPITRE II.

Des conséquences de la licitation.

Nous observerons, comme étant une question très intéressante, que les héritages et autres immeubles dépendant d'une succession, échus à quelqu'un par le partage ou la licitation qu'il en a fait avec ses co-héritiers, lui sont propres entièrement, et non pas seulement pour la part héréditaire qu'il avait avant le partage ou la licitation, quand même ils excéderaient le montant de sa portion héréditaire, et qu'il serait chargé, en conséquence, d'un retour ou d'une mieux-value en numéraire, nous le répétons, *ils lui seraient entièrement propres*, et non point seulement jusqu'en concurrence de sa part héréditaire, mais pour la *totalité* (art. 883. Cod. civ.).

Ces principes du droit français sur cette matière sont entièrement opposés à ceux du droit romain. Suivant ceux du droit romain, un partage était regardé comme une espèce de contrat d'échange, par lequel chaque co-héritier échangeait les parts qu'il avait, avant le partage, dans les héritages tombés dans les lots de ses co-héritiers, contre celles que les co-héritiers avaient avant le partage, dans ceux qui sont tombés dans le sien.

En conséquence, chaque héritier était censé n'avoir succédé au défunt, quant aux héritages tombés dans son lot, que pour la part dont il était héritier, et avoir acquis de ses co-héritiers les autres parts, avec la charge des hypothèques des créanciers particuliers de ses co-héritiers (L. 6, § 8, *ff Comm. divid.*, 10, 3). Tandis qu'au contraire, suivant les principes du droit français, les partages et licitations ne sont pas regardés comme des titres d'acquisition; la part que chaque héritier a dans les biens de la succession, avant le partage ou la licitation, est une part indéterminée; c'est le partage ou la licitation qui la détermine aux effets tombés en la possession de cet héritier; et il est censé avoir *seul* succédé entièrement à toutes lesdites choses, à la charge des retours, s'il y en a, et n'avoir rien acquis de ses co-héritiers.

C'est pareillement en vertu de ces principes du droit français, qu'après le partage ou la licitation, les créanciers particuliers de mes co-héritiers ne peuvent avoir aucun droit d'hypothèque sur les héritages et autres immeubles qui me sont assignés, en vertu du partage ou de la licitation, quoiqu'ils soient plus considérables que ma part héréditaire, et chargés d'un retour; car, étant censé, selon nos principes, avoir seul succédé immédiatement au défunt, pour la totalité des biens-immeubles compris dans mon lot, et n'étant censé avoir rien acquis de mes co-héritiers, leurs créanciers ne peuvent rien trouver dans les effets de mon lot qui ait appartenu, pour aucune part, à leurs débiteurs, ni qui puisse être sujet à leurs hypothèques; ils n'ont donc que la voie de saisie sur la somme due à leurs débiteurs, pour mieux-value, si elle n'a pas encore été payée; néanmoins ils pourraient user de la faculté que leur donne l'art. 1166 du Cod. civ. pour conserver le privilège assuré par l'art. 2,109.

DE LA JURIDICTION COMMERCIALE.

Titre premier.

DE L'ORGANISATION DES TRIBUNAUX DE COMMERCE.

Depuis long-temps, la nécessité de faire statuer sur les contestations commerciales, par des juges habitués à ces sortes d'affaires, avait été reconnue. Ces juges, établis en France, sous divers titres, de *conservateurs des privilèges des foires*, puis de *consuls des marchands* qui leur furent successivement donnés par les édits de 1563, 1673 et quelques autres postérieurs, notamment celui du mois de mars 1710, subsistèrent long-temps sous ces dénominations. La loi du 24 août 1790 leur donna le nom de *tribunaux de commerce*, qu'ils portent encore aujourd'hui. (Code de comm., art. 615. Voy. aussi le décret du 6 octobre 1809.)

Comme cette institution n'aurait produit aucun des avantages qu'on en attendait, si la simplicité des formes, si utile au commerce, n'avait rendu les décisions aussi promptes que faciles, un mode de procédure approprié à ces tribunaux et aux affaires de leur compétence, a été également établi; par exemple: l'arbitrage est forcé dans le commerce lorsqu'il s'agit de juger des contestations entre associés. Dans tous les autres cas il peut être la ressource de ceux qui voudraient recourir à ce mode raisonnable, pour abréger les longueurs d'un procès et terminer promptement leurs différens. Il a été, en outre, attribué une juridiction spéciale aux conseils de prud'hommes, pour décider les contestations entre les fabricans et leurs ouvriers ou apprentis.

Lorsqu'en pays étranger des Français ont entre eux quelque affaire de nature à être portée en France devant les tribunaux de commerce, les agens diplomatiques, nommés *consuls*, sont investis de cette attribution; enfin, la plupart des condamnations, en matière commerciale, donnent lieu à la contrainte par corps.

CHAPITRE PREMIER.

De l'établissement, du placement et de la circonscription des tribunaux du commerce.

Jusqu'alors l'établissement des tribunaux de commerce n'a paru nécessaire que dans les lieux où les opérations commerciales sont très-fréquentes. Le droit d'en créer où il le croirait convenable, appartient au chef de l'État qui détermine en même temps le nombre de juges et de suppléans dont ils seront composés, sans cependant que les juges puissent être au-dessus de huit, ni au-dessous de deux, non compris le président (Code de commerce, art. 615-617). Chaque tribunal de commerce a, en général, la même étendue de ressort territorial que le tribunal civil dans l'arrondissement duquel il est établi; mais s'il y en a plusieurs dans un même arrondissement, l'ordonnance qui les établit assigne à chacun son ressort particulier (art. 616).

Partout où il n'y a pas de tribunal de commerce, le tribunal civil en fait les fonctions, et se conforme à toutes les règles de la législation commerciale (Code de comm. art 640-641).

CHAPITRE II.

De l'élection des juges de commerce et la durée de leurs fonctions.

Le roi n'a point la nomination directe des juges de commerce. Ils sont seulement institués par lui, après qu'ils ont été élus par une assemblée de commerçans convoqués à cet effet (art. 618).

Pour l'élection de ces juges, le préfet du département dresse une liste des commerçans notables de l'arrondissement pour lequel est établi le tribunal de commerce; il y comprend principalement les chef des maisons les plus anciennes et les plus recommandables par la probité, l'esprit d'ordre et l'économie: il la soumet à l'approbation du ministre de l'intérieur.

Le nombre de ces électeurs ne peut être moindre de vingt-cinq, quand la population de la ville où siège le tribunal, est de quinze mille âmes et au-dessous, dans les autres villes, il est augmenté à raison d'un notable par mille âmes de plus.

On n'y peut comprendre des étrangers, quoiqu'autorisés à fixer leur domicile en France. Il faut nécessairement être Français, par naissance ou par naturalisation, et n'être frappé d'aucune exclusion d'exercer ses droits politiques, résultant de condamnations ou de l'état de failli non réhabilité (art. 619).

Nul ne peut être nommé juge de commerce, s'il n'a les qualités exigées pour les électeurs, l'âge de trente ans, et s'il n'a exercé pendant cinq ans, avec honneur et distinction, la profession de commerçant (art. 620). Mais il n'est pas nécessaire, conformément à l'avis du conseil d'État, approuvé le 2 février 1808, de l'exercer au moment de l'élection, pourvu qu'après avoir cessé cette profession, on n'en ait pas embrassé d'autre. Pour pouvoir être nommé président, il faut, outre ces conditions, être âgé de quarante ans, et avoir été juge, soit dans les tribunaux de commerce actuels, soit dans les anciens. Mais nous croyons que cette règle ne s'applique pas à la première composition d'un tribunal, suivant l'avis du conseil d'État, approuvé le 21 décembre 1810.

L'élection est faite au scrutin individuel et à la majorité absolue des suffrages. Lorsqu'il s'agit d'élire le président, l'objet de l'élection doit être spécialement annoncé avant d'aller au scrutin (art. 621).

Les procès-verbaux d'élection sont, conformément à l'art. 7 de l'acte du gouvernement du 6 octobre 1809, transmis au garde des sceaux, ministre de la justice, qui propose au roi l'institution des élus (art. 621).

La cour royale est chargée de recevoir le serment des juges et des suppléans institués; mais lorsqu'elle ne siége pas dans le même arrondissement, ils peuvent demander qu'elle commette le tribunal civil pour recevoir ce serment. Ce tribunal en dresse procès-verbal et l'envoie à la cour, qui en ordonne l'insertion dans ses registres. Toutes ces formalités sont remplies sans frais, et sur les conclusions du ministère public (art. 629).

Le tribunal est renouvelé par moitié chaque année, de manière que le président et chaque juge ou suppléant restent en fonctions deux ans. Pour établir cet ordre de renouvellement, la moitié des juges et suppléans n'est, lors de l'institution première, choisie que pour un an; l'autre moitié et le président sont renouvelés au bout de deux ans, et cet ordre demeure invariable (art. 622).

Enfin, le président et les juges ne peuvent être réélus qu'après un an d'intervalle (art. 623); ce que le législateur a voulu empêcher, c'est la perpétuité dans les mêmes fonctions, et comme la matière des exclusions est toujours rigoureuse, il est de droit naturel de ne pas les étendre au-delà des termes prohibitifs.

FIN.

www.ingramcontent.com/pod-product-compliance
Ingram Content Group UK Ltd.
Pitfield, Milton Keynes, MK11 3LW, UK
UKHW020409220726
13923UKWH00004B/1844

9 782014 468649